Dave Buchen hace un poquito de todo. Es autor e ilustrador de númerosos libros incluyendo *El Librazo*, *Bilingual ABC Bilingüe* y el proyecto en curso La Enciclopedia Deiknumena. Con Theater Oobleck de Chicago, ha escrito numerosas obras de teatro. Él es co-fundador de El Teatro Bárbaro. Toca clarinete con La Banda Municipal de Makula Barun. Él vive en San Juan con sus dos hijos, tres gatos, y dos perros.

¿Por Qué un Tigre es un Tigre?
Un Bestiario de Etimología

Correctora Irene Santiago
Gracias a Gina Cooke, Xiamara Beltrán, Bea Santiago

Dave Buchen
Calle Las Violetas 2005
Barrio Obrero
San Juan, PR 00915
davebuchen@yahoo.com
davebuchen.wordpress.com

¿Por Qué un Tigre es un Tigre?

Un Bestiario de Etimología

Dave Buchen

Este libro es un bestiario de etimología. ¿Pero, qué significa esto?

La etimología es el estudio de las palabras, de dónde vienen y cómo han cambiado tras cientos y hasta miles de años. La palabra *etimología* proviene de dos palabras griegas: *étumon* que significa "verdadero" y *logos* que significa "palabra." La etimología es por tanto la historia verdadera de las palabras.

Un bestiario es un libro sobre las bestias, una palabra que proviene del latín *bestia*.

Este libro contiene historias reales sobre las palabras que utilizamos para nombrar a los animales.

Algunos nombres de animales son tan obvios como la nariz en sus caras.

El rinoceronte toma su nombre de dos palabras griegas – *rhino*, que significa "nariz" y *keras*, que significa "cuerno."

Otros nombres nos toman por sorpresa. El narval, por ejemplo, es una ballena que vive en el Ártico. Los machos de la especie tienen un cuerno en sus cabezas que puede medir hasta 10 pies de largo.

Pero este increíble aspecto del narval no tiene nada que ver con su nombre. El nombre proviene de dos palabras del nórdico antiguo *na* y *hvalr*, que unidas significan "ballena cadáver." Y ello porque el color de su piel es gris pálido y a veces flota panza arriba en el mar.

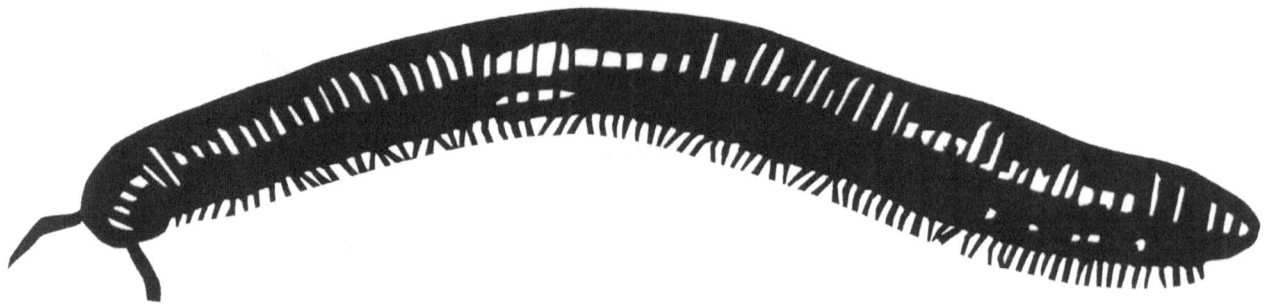

Pulpo, ciempiés y milpiés comparten la misma raíz lingüística. La raíz es un conjunto de letras o fonemas en las palabras con un sentido similar. En este caso, la raíz es la palabra sánscrita *pat*. El sánscrito es un idioma muy antiguo usado primero en la India hace algunos 4.000 años. Pat significa "pie" y desde esta raíz los griegos crearon la palabra *pous* para "pie" y los romanos, la palabra latina *pes*.

Por otro lado, pulpo en latín es *polypus*, que significa "muchos pies." Para formar las palabras *ciempiés* y *milpiés* se combinan *centum* ("cien") y *mille* ("mil") con la raíz pes.

Puedes encontrar muchas palabras desde esta raíz Sánscrita *pat* como *pedal*, *impedir*, y *piojo*.

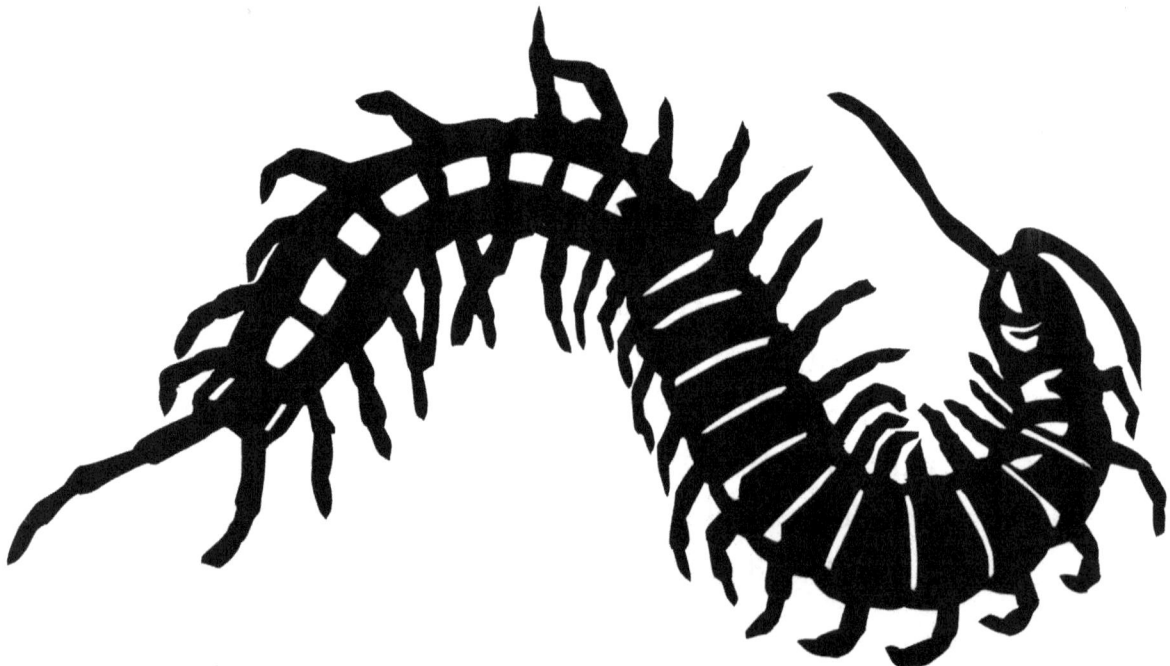

Cuando el primer espécimen de un ave de paraíso llegó a
Europa, la gente quedó sorprendida. Esa ave de paraíso
que atravesó los océanos en un barco desde Nueva Guinea
no tenía patas. ¡Un pájaro que pasa toda su vida en el aire!
– ¿quien se lo hubiese imaginado? A este pájaro milagroso
que vivía en el cielo le pusieron el nombre ave de paraíso;
hasta su nombre científico es *Paradisea apoda* - "del
paraíso sin pies."

Por supuesto, el ave de paraíso tiene patas. Las patas de
ese espécimen que llego hace 500 años fueron removidas
antes de enviarla a Europa.

Muchos animales toman sus nombres de sus colores.

El nombre *águila* viene del latín *aquila*, que significa "oscuro."

La perca toma su nombre de la palabra griega *perke* que tiene sus raíces en una palabra sánscrita que significa "manchado."

El oriol toma su nombre del francés *oriol*, palabra que a su vez
viene del latín *aureolus*, que significa "el pequeño dorado."

El nombre *beluga* viene de la palabra rusa *belukha*,
que significa "blanco."

El flamenco con sus plumas de color rojo y rosa
toma su nombre del latín *flamma*, que significa "llama."

El atún es uno de los peces más rápidos del mundo; puede alcanzar una velocidad de hasta 70 millas por hora. Es por ello que los griegos usaron su palabra *thynein*, que significa "correr como un rayo", para formar el nombre *thynnos*, el cual cambió a *tun* en árabe antes de llegar al español.

El ciclo de vida del salmón es un tanto épico. Nace en un riachuelo frío en las montañas. Luego de vivir y crecer en agua dulce durante tres años, el banco de peces de salmón nada río abajo hasta llegar al mar salado. Vive en el mar durante unos ocho años y regresa al mismo riachuelo donde había nacido.

El regreso a su hogar es una travesía impresionante. El salmón cesa de comer y vive de su reserva de grasa corporal mientras salta y brinca contracorriente sobre cataratas y rápidos hasta llegar finalmente a su hogar. En el mismo riachuelo montañoso donde nació, el salmón pone y fertiliza sus huevos para luego morir.

El salmón toma su nombre de este viaje de regreso al riachuelo.

"Brincar" en latín es *salire*, y de esa palabra tomamos *salmón*, *saltar,* y hasta *insultar* ("brincar encima").

El hipopótamo permanece la mayor parte de su vida en ríos y lagos haraganeando en el lodo fresco. Toma su nombre de dos palabras griegas: *hipos,* que significa "caballo", y *potamos* que significa "río."

En la mitología griega el hipocampo era un "caballo" de mar. Su nombre combina *hippos* con la palabra griega *kampê* que significa "sinuosidad."

Hay dos especies de camellos: con una joroba y con dos jorobas. La palabra *camello* viene del latín *camelus*, que a su vez viene de la palabra griega *kamélos*, la cual se remonta a un antiguo idioma semítico.

Un camello con una joroba se llama un dromedario. Esta palabra viene del griego *dromas*, que significa "correr", y aparece también en la palabra *hipódromo*.

Un camello con dos jorobas se llama camello bactriano.
Bactria era una región en el Asia Central,
ahora Afganistán. Su nombre procede de
la palabra persa *bakhtar*
que significa "el oeste."

El nombre *avestruz* viene del idioma griego a través del provenzal y del latín. En griego, el nombre está compuesto de dos palabras- *struthio* que significa "gorrión" y *kamélos* debido al cuello largo de esta ave grande.

Su primo de América del sur, el ñandú, toma su nombre de dos palabras del idioma indígena Guarini – *ñandú guazú* - que significa "araña grande." Se llama una araña porque cuando se sienta dobla las piernas.

Chacal es una palabra turca
que significa "el aullador."

Al gallo se le conoce por su llamado ruidoso. Su nombre viene del latín *gallus* que significa "el llamador."

La morsa no usa sus dos dientes enormes para morder
su comida pero su nombre viene del francés *mors* y éste
del latín *morsus* que viene del *morderé*, que significa
"morder."

La trucha recibió su nombre del griego
troktes que significa literalmente
"mordisqueador", una palabra
que significa "roer."

Los roedores -ratones, ardillas, castores- y los más de 4,000 especies de esta orden de mamíferos toman su nombre del latín *rodere*, del cual vienen las palabras *roer, erosión,* y muchas otras.

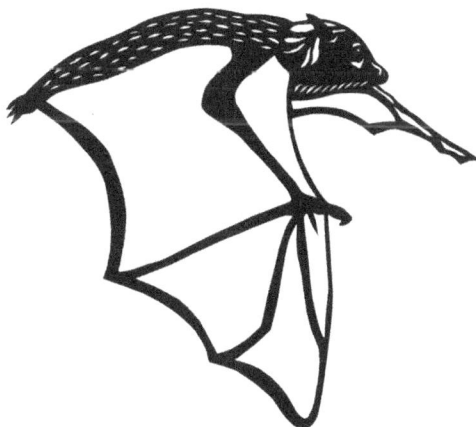

El murciélago es un mamífero volador dotado de un sistema de emisión de sonidos de alta frecuencia que le permite navegar por la noche oscura. Su nombre viene de dos palabras latinas *mus* y *caeculus* - "ratón cieguito".

El lémur recibió su nombre de un cuento de fantasmas que se originó hace casi 3,000 años.

De acuerdo a la historia, la ciudad de Roma fue fundada por los dos hijos gemelos de Marte, el dios de la guerra, Rómulo y Remo. Estos eran semi-dioses con un dios por padre y una madre mortal. Siendo infantes, fueron arrojados al río Tíber. Fueron salvados por una loba que los cuidó y amamantó. Rómulo y Remo crecieron hasta convertirse en hombres fuertes y ambiciosos. Cuando encontraron unas colinas onduladas, los dos hermanos decidieron fundar allí una ciudad. Mientras dibujaban los mapas discutieron sobre quién debería ser el rey de la nueva ciudad, Rómulo atacó y mató su hermano Remo. Rómulo llegó a ser el primer rey, tirano además, de la ciudad de Roma. Remo se convirtió en un fantasma y encantó la ciudad.

Cada mayo, la gente de Roma celebraba un festival para calmar los fantasmas y los malos espíritus. El festival se llamó Lemuria, que viene del nombre Remo. Un lemur era un "espíritu del muerto inquieto."

El lémur recibió este nombre fantasmal debido a sus ojos espantosos.

Al lince también se le llama así por sus ojos.

El nombre viene de la palabra latina *lux* que significa "luz."

Las alas de un zumbador se mueven más rápido que
cualquier otra ave. Este movimiento produce un
sonido que da el nombre a este pajarito.

La perdiz también toma su nombre por el sonido
producido por sus alas. Cuando vuela, sus alas
producen un ruido bien particular. Los griegos
le dieron el nombre de *perdika* a esta ave
utilizando la palabra *perdesthien*
que significa "tirar un pedo."

La evidencia más antigua de lengua escrita puede encontrarse en el Irak contemporáneo. Allá, entre los ríos Tigris y Éufrates, en una tierra que era conocida como Mesopotamia, fue inventada la lengua escrita hace casi 6,000 años.

Mesopotamia toma su nombre de las dos palabras griegas *meso* y *potamo* – "entre" y "río" – debido a la gran importancia de estos ríos. Los ríos y las inundaciones primaverales fertilizaron la tierra permitiendo el desarrollo de la agricultura. Los ríos también permitieron el contacto de Mesopotamia con el resto del mundo.

El Éufrates es un río de caudal lento y serpenteante, mientras que el Tigris es rápido. El Tigris, por ser tan rápido, toma su nombre de la antigua palabra persa que significa "flecha."

Y el tigre también.

Aristóteles fue un filósofo que vivió en el siglo III AEC. Él estudió y escribió sobre poesía, política y física. También estudió la vida de los animales. Estudió a los insectos dividiéndolos en tres secciones y así los nombró, por dicha cualidad. A este tipo de animal le puso el nombre de *entomon*, que en griego significa "en secciones."

Algunos 400 años más tarde, el historiador Romano Plinio el Viejo escribió su enciclopedia Historia Natural. Él tradujo la palabra *entomon* de Aristóteles a latín como *insecto* que también significa "en secciones." Hoy usamos la palabra *insecto* de Plinio el Viejo y la palabra *entomon* de Aristóteles cuando nos referimos a la rama de la ciencia que estudia los insectos: entomología.

También conocemos la persona que puso el nombre a los cocodrilos. Fue Herodoto, otro historiador griego del siglo IV ACE. En un libro sobre Egipto, él describió estos anfibios utilizando dos palabras: *kroke* - "piedrecita" - y *drilos* -"gusano." ¿Por qué piedrecita y gusano? No sabemos, puede tener relación con el hábito del cocodrilo de deleitarse en los bancos rocosos del Río Nilo.

El basilisco es otro anfibio con nombre griego. Basilico significa "el rey pequeño" en griego. Un anfibio es un animal que vive en la tierra y en el agua, y el nombre proviene de las raíces griegas *anfi-* y *bio-* - "ambos" y "vida"- o un ser que vive en dos diferente ambientes de la vida.

Los delfines son mamíferos marinos. Como todo mamífero son vivíparos. Nacen del vientre de la madre. Su nombre viene del griego *delphis* que esta relacionado con *delphys* que significa vientre.

El dugongo es un primo del manatí que vive en los océanos Índico y Pacífico. Su nombre viene de la lengua malaya y significa "la dama del mar." Esta lengua se habla en muchas de las islas del sureste de Asia hasta Australia.

El orangután es un simio en
peligro de extinción que vive
en el archipiélago malayo. Su
nombre proviene de otra palabra
malaya que significa "el hombre
del bosque."

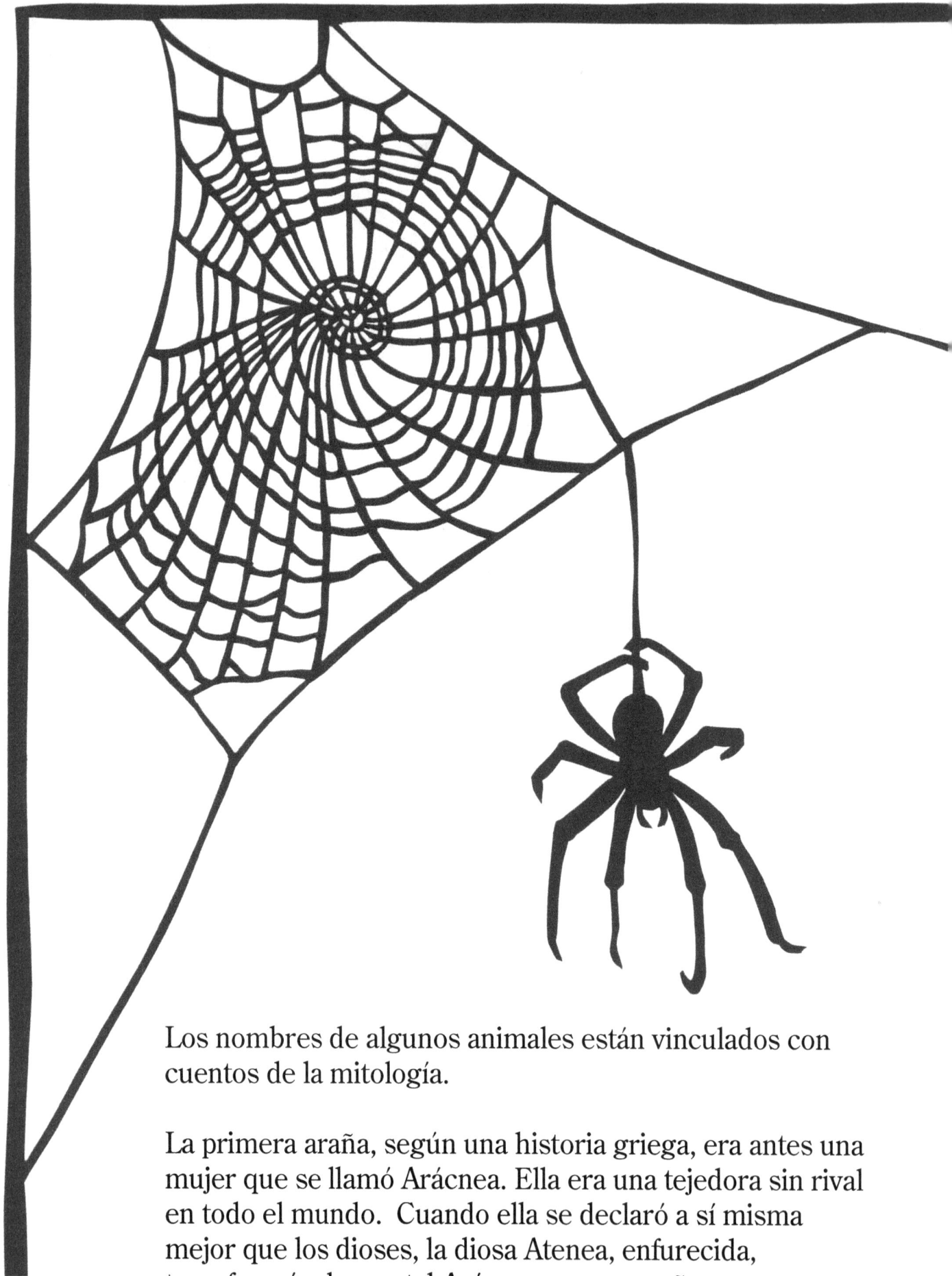

Los nombres de algunos animales están vinculados con cuentos de la mitología.

La primera araña, según una historia griega, era antes una mujer que se llamó Arácnea. Ella era una tejedora sin rival en todo el mundo. Cuando ella se declaró a sí misma mejor que los dioses, la diosa Atenea, enfurecida, transformó a la mortal Arácnea en una araña.

Castor y su hermano Pólux eran gemelos semidivinos. Castor era venerado por sus poderes curativos. Castor -el animal- produce algunas secreciones muy saludables que se han utilizado como remedios curativos por miles de años. Por eso, toma su nombre de este hermano cuyo nombre significa "el que sobresale."

La mofeta, el animal más maloliente del mundo, toma su nombre del italiano a través del latín, y finalmente del griego de una palabra que significa "olor desagradable." En la mitología romana, Mefiti era la diosa de los vapores fétidos y venenosos que emiten los volcanes.

El dios Apolo venció a una serpiente monstruosa en un lugar llamado Python. Después de la batalla Apolo dejó la serpiente expuesta al sol hasta podrirse. El pitón toma su nombre de este lugar y la palabra griega *pythien* –"podrirse."

El camaleón es literalmente el "león de la tierra" desde el griego antiguo.

El leopardo es también un león. Su nombre combina
las palabras griegas *leon* y *pardos* ("pantera") porque
la gente pensaba que los leopardos fueron las crías
de los leones y las panteras.

No son.

Halcón viene de la palabra latina *falx* que significa "hoz." Los talones de un halcón se parecen a este filo curvado extremadamente afilado que se utiliza para cortar yerbas y granos.

El buitre come carroña, animales que ya
están muertos. Su nombre viene de la
palabra latina *vellere*, que significa
"arrancar o rasgar."

Cangrejo proviene del latín *cancer*, que a su vez proviene del griego *karkinos*, una palabra sánscrita que significa "duro."

El escorpión recibió su nombre de una raíz muy antigua que significa "cortar." Alacrán viene de la palabra árabe *al'aqrab*.

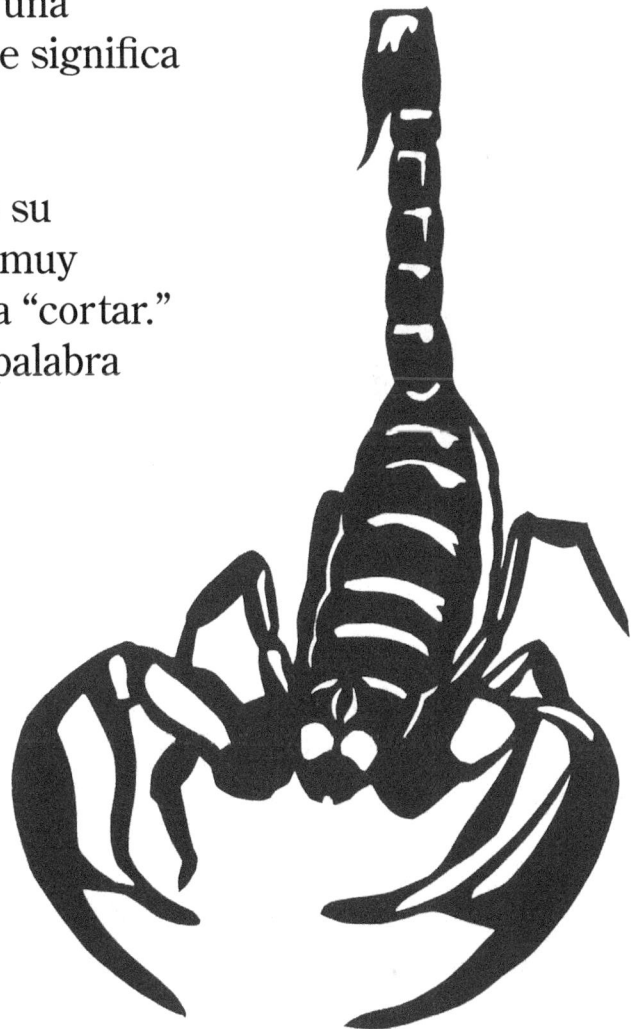

Los nidos de las avispas estan hechos por su reina.
Ella mastica madera y con su saliva la convierte en
papel y el el nido esta tejido para hacer
un hogar seguro.

Su nombre viene a través del latín *vespa*
que significa "tejer."

El hurón fue domesticado hace al menos 2,500 años por su habilidad para cazar conejos en sus madrigueras. Es conocido por su tenacidad. Su nombre viene de la palabra latina *furore* que significa "furor."

El pelícano toma su nombre de la forma de su pico. El nombre griego *pelikos* viene de una palabra que significa "hacha."

La forma de la espalda da el nombre de la hiena. Esa y esos pelos rígidos por su dorso. Son reminiscentes de un cerdo. Así el nombre viene del griego *hyaina* con el raiz de *hys* que significa "cerdo."

Búho es un nombre onomatopéyico y
viene de dos versiones en latín: *bubo* y *bufo*.

¿Pero qué es la onomatopeya?

Cuando una palabra suena como la cosa
que se describe, es una onomatopeya. Las
palabras que usamos para los sonidos que
se hacen los animales usualmente son
onomatopeyas como *miau, muu, guau,
quiquiriqui*.

La palabra viene de dos palabras griegos
onoma y *poios* que significan "nombre" y
"hacer."

El marabú esa considerado un ave sagrado por la religión del Islam. Toma su nombre de *marabout*, una palabra francesa que vino de la *murábit* árabe, que significa "hombre santo."

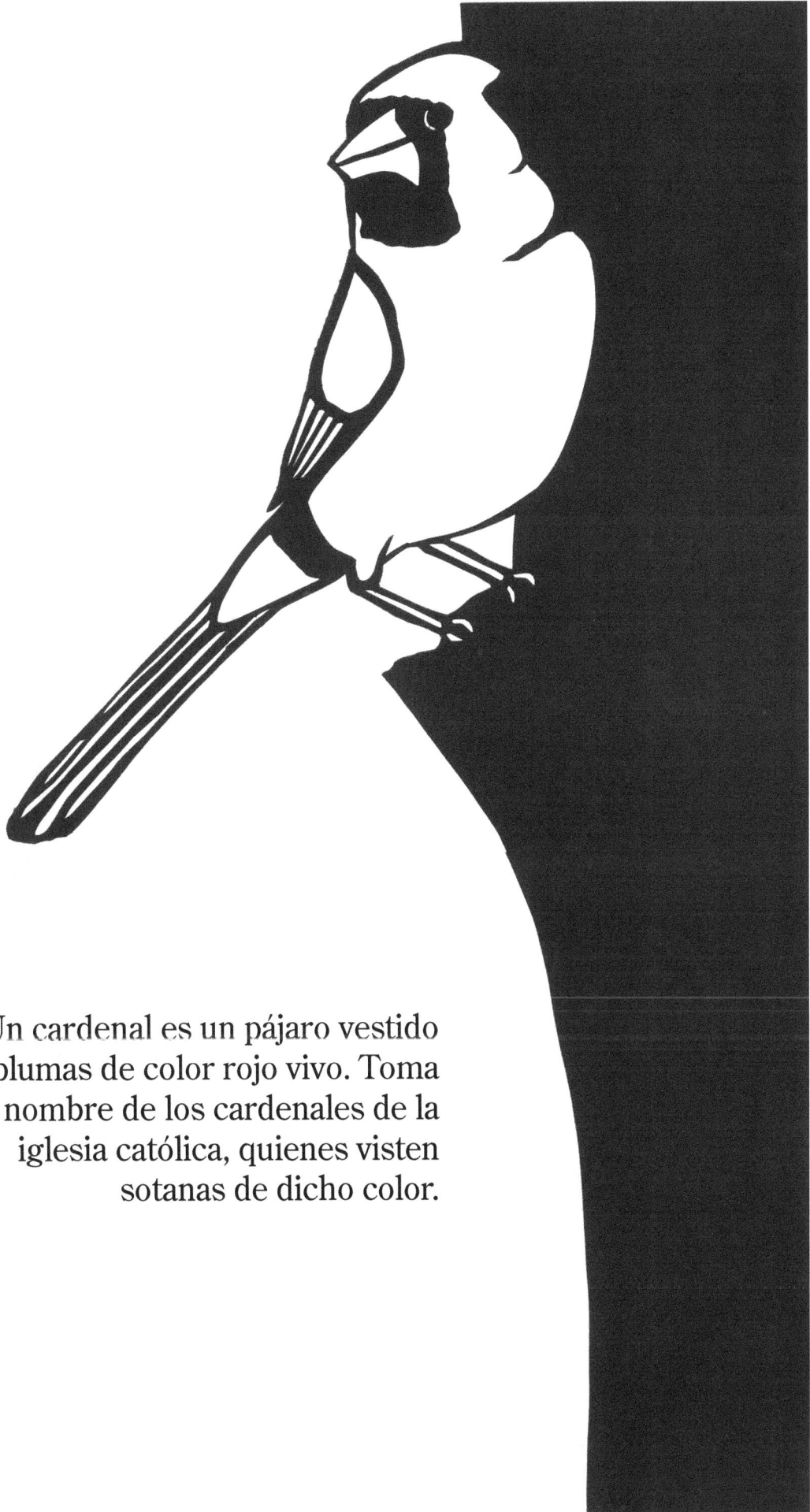

Un cardenal es un pájaro vestido
con plumas de color rojo vivo. Toma
su nombre de los cardenales de la
iglesia católica, quienes visten
sotanas de dicho color.

Wápati llega de un idioma
indígena de América del Norte.
En el lenguaje Shawnee
significa "trasero blanco."

Caribú también viene del
idioma de los Algonquinos de
América de Norte y significa
"pateador o rascador."

Mapache y *quetzal* vienen del idioma Náhuatl de México.

Mapache significa "que tiene manos" y quetzal significa "plumas de cola grande y brillante."

El topo vive en el suelo, haciendo túneles bajo la tierra. Su nombre viene del latín *talpa* que tiene sus raíces en una palabra que significa "esculpir."

El mamut gigantesco toma su nombre del mismo lugar. Los campesinos de Siberia en Rusia a veces desentierran restos fosilizados de este primo extinto del elefante. Dieron su nombre de una palabra que significa "tierra" porque creyeron que el animal gigante vivía como un topo haciendo túneles subterráneos.

Por cierto, la palabra fósil viene de una raíz latina que significa "cavar."

Humano también significa "tierra." Nosotros humanos
recibimos nuestro nombre de la palabra latina *humanus*,
que a su vez tiene relación con la palabra *humus*
que significa "tierra."

Muchos mitos de la creación nos cuentan que los
humanos fueron creados de lodo por un dios.

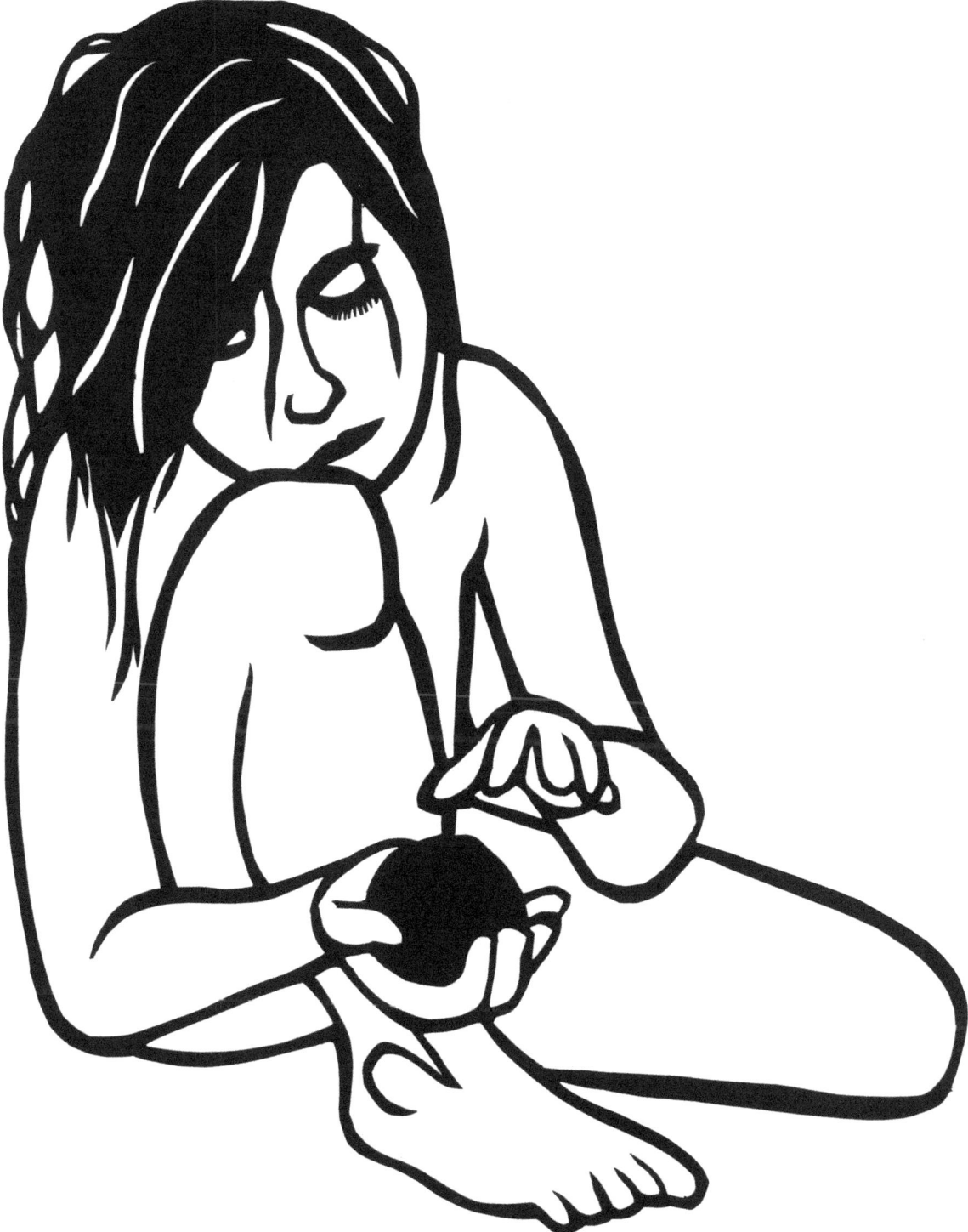

www.ingramcontent.com/pod-product-compliance
Lightning Source LLC
Chambersburg PA
CBHW081141090426
42736CB00018B/3438